《山海经》匪特史地之权舆，亦乃神话之渊府。
—— 神话学家袁珂

异民珍物

陪孩子读山海经

罗旻○编著
尧立○绘

中国少年儿童新闻出版总社
中国少年兒童出版社
北京

目录

羽民国

◎ 出自《海外南经》

羽民国……其为人长（cháng）头，身生羽。

一曰在比翼鸟东南，其为人长颊（jiá）。

◎ 亦见《大荒南经》

有羽民之国，其民皆生毛羽。

说文

羽民，又称羽人，是生活在大海之南的一个神奇种族，他们的国家就叫羽民国。羽人的脸颊和脑袋都比一般人的长，全身披着鸟羽，背上长着一对翅膀，能够飞翔，但是飞不远，一段时间之后就不得不降落到地面上。和飞鸟一样，羽人也是卵生的，在一些古代的图画里，他们的嘴和鸟喙一样。

也有记载说，羽人住在丹丘之上。丹丘是一个昼夜长明的仙境，所以，也许在古人心里，能够飞翔的羽人就是仙人吧。

讙头国

◎ 出自《海外南经》

讙（huān）头国……其为人，人面有翼，鸟喙（huì），方捕鱼。一曰在毕方东。或曰讙朱国。

◎ 亦见《大荒南经》

驩（huān）头人面鸟喙，有翼，食海中鱼，杖翼而行。……有驩头之国。

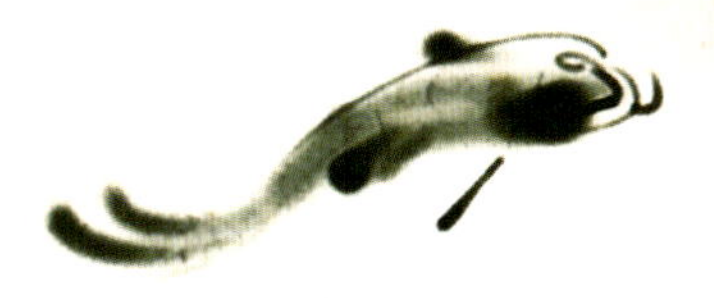

杖：倚仗。

说文

讙头国人的长相和羽民很像，也长着翅膀，但是他们的翅膀无法用来飞翔，只能拄在地上帮助行走。他们凭借长长的鸟嘴，在南海中捕鱼为生。

上古时代，帝尧有一个名叫讙兜的臣子，他犯了罪，就投南海自尽了。帝尧怜悯他，就让讙兜的儿子住在南海边，子孙世代祭祀他。讙兜、驩头、讙朱这几个名字，在古代是通用的，所以，也有人说讙头国的人就是讙兜的后代。

厌火国

◎ 出自《海外南经》

厌火国……兽身黑色。

生火出其口中。一曰在讙朱东。

厌：饱，满足。

说文

灌朱国的东边是厌火国。这里的居民样貌奇特，身体上覆盖着兽毛，远看去就像一只黑色的猕猴。传说，他们将燃烧的火炭当作食物，还能够从嘴里喷出火焰，所以得名“厌火”。

现在马戏团的喷火表演，演员会在袖子里藏一点火种，形成喷火的效果，但这还是很危险，稍微操作不当就会烧到演员的头发和衣服。如果哪个马戏团能请到一位厌火国人，表演一定既安全又好看。

不死民

◎ 出自《海外南经》

不死民……其为人黑色，寿，不死。

说文

在遥远的南海外，住着一个神奇的族群。他们的全身皮肤都是黑色的，和今天的非洲人一样。但是与普通人不一样的是，这些黑皮肤的人寿命很长，永远不会死，所以他们被称作“不死民”。

古人希望自己能够长生不死，就编出了许多神话。比如，有一座叫员丘的仙山，山上长着不死树，人吃了它的果子就能长寿；还有一眼红色的泉水，叫赤泉，人喝了泉水就能青春永驻。但是，这毕竟只是美好的幻想，就算在神话里，也离普通人的世界非常遥远，无法获得。生活在海外的不死民，也是诸如此类的幻想之一。

周饶国

◎ 出自《海外南经》

周饶(ráo)国……其为人短小，冠(guān)带。

◎ 亦见《大荒南经》

有小人，名曰焦侥(yáo)之国，幾(jī)姓，嘉谷是食。

嘉谷：五谷的总称。

说文

周饶国又叫焦侥国，也位于南海之外。这里的人个子矮小，成年人也只有三尺高，差不多等于今天的一米。但是，这个遥远的国家并不荒凉，甚至和中原地区一样繁荣，这些小人儿姓巖，心灵手巧，种植五谷为食，穿戴也很端庄。可以说，这就是中国最早的小人国。

唐代的故事里也提到一个位于遥远西方的小人国，由于他们个子太小，在田里劳动的时候，有时会被飞来的鹤叼走，如果有人能帮助他们赶走鹤，就会获得很多报酬。而在现实中，住在非洲中部的俾格米人个子就非常矮小，成年男性的平均身高只有一米五。或许，这就是小人国传说的原型吧。

长臂国

◎ 出自《海外南经》

长臂国……捕鱼水中，两手各操一鱼。

一曰在焦侥(yáo)东，捕鱼海中。

说文

顾名思义，长臂国的人都有一对很长的胳膊，他们正常站立的时候，双手能够轻易地碰到地面。更加夸张的记载甚至说，长臂国人的衣袖就长达三丈。就算古人的衣服都是宽袍大袖，但要配上这样长的袖子，他们的胳膊得有多长呢？

托这对长胳膊的福，长臂国的人个个都是技术高超的捕鱼能手。他们只需要站在海边，把两条胳膊往水里一伸，双手就可以各抓到一条鱼。一般渔民坐小船出海打鱼，都要冒着遇到风浪翻船的危险，相比之下，长臂国人的做法可以说是非常安全和方便了。

一臂国

◎ 出自《海外西经》

一臂国……一臂、一目、一鼻孔。

有黄马，虎文，一目而一手。

说文

一臂国的人当然只有一条胳膊，不仅如此，他们还只有一只眼睛，一个鼻孔。以此类推，当然也只有一只耳朵、一条腿……凡是人身上左右对称、成双成对的部分，他们都只有一半，就好像是普通人的左半身或者右半身。

这个国家的马也与众不同，身上长着老虎的斑纹，只有一只眼睛，一条前腿，一条后腿，就像是普通马的半身。

无论是人还是马，只有在左右两个半身紧靠在一起时，才能正常地走路。或许，比起“一臂国”，这里更应该被叫作“半身国”吧。

奇肱国

◎ 出自《海外西经》

奇肱（jī gōng）之国……其人一臂三目，

有阴有阳，乘文马。

有鸟焉，两头，赤黄色，在其旁。

奇：单数。 肱：上臂。

说文

奇肱国的人只有一条胳膊，但是有三只眼睛，这三只眼睛不是平行的，而是上下错落地分布在脸上的。他们的坐骑名叫文马，是非常神奇美丽的生物，毛色纯白，鬃毛朱红，长着金色的眼睛。除了文马，这一带还生活着羽毛红黄相间的双头鸟。

奇肱国人非常聪明，他们有一项神奇的发明，叫作飞车。它和古代的马车很像，有双轮，有车厢，但是飞车不用马匹牵拉，而是能够乘着风势飞翔。在季风吹起的时候，他们就可以乘着飞车远行，在风势逆转的时候飞回家乡。

巫咸国

◎ 出自《海外西经》

巫咸国……右手操青蛇，左手操赤蛇，在登葆(bǎo)山，群巫所从上下也。

◎ 亦见《大荒南经》

大荒之中……又有登备之山。

说文

巫咸国是一个巫师之国，以上古时代最著名的大巫师巫咸来命名。这里的居民双手持蛇，以显示他们或多或少都具有通神的力量。

这个巫师之国坐落在登葆山中。登葆山又叫登备山，是西海之外、大荒之中的一座神山。巫咸国里法力最高的那些巫师可以把这座山当作阶梯，由此登上天界，向神明陈述凡人的心愿，再把神明的旨意带给凡人。

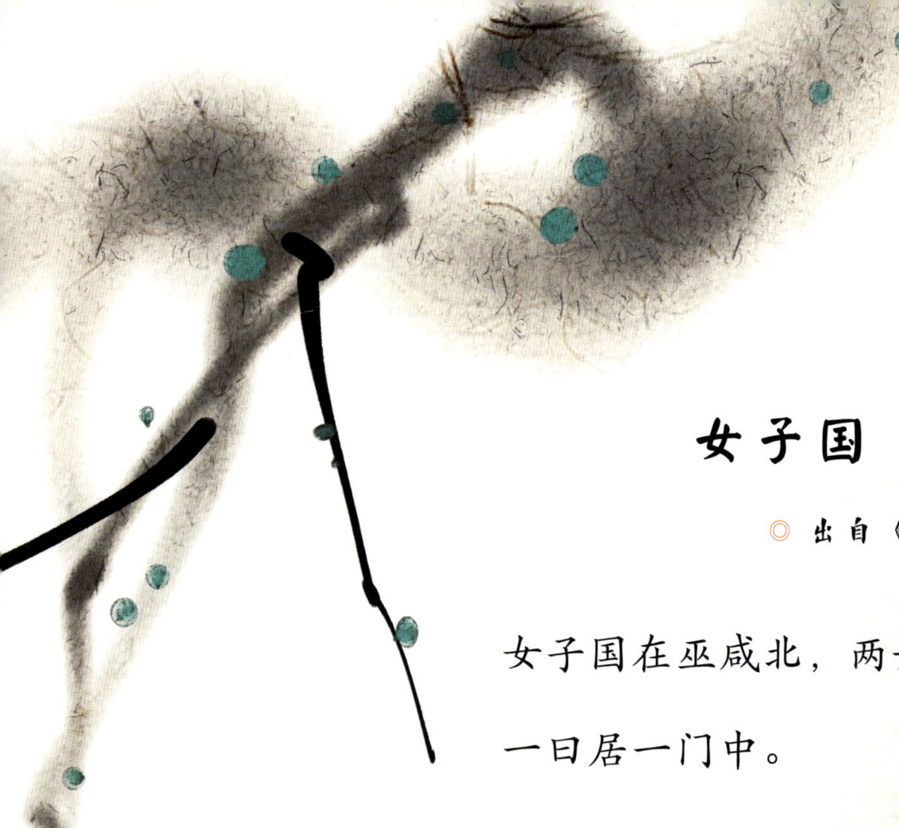

女子国

◎ 出自《海外西经》

女子国在巫咸北，两女子居，水周之。一曰居一门中。

周：环绕。

说文

女子国位于巫咸国的北方，是一片被水环绕的陆地，上面居住着两位女性。在古代的画卷里，这片陆地的轮廓就像一个近似圆形的门洞，看到这种画的人就会说，她们住在一扇大门里。

这两位女性当然就是女子国的祖先。据说，这里有一口神奇的水井，女性在井水里照见自己的影子，就可以怀胎生子，生下的当然大多是女孩。如果不幸生下的是男孩，他一定会由于水土不服，在三岁前病死，这样，女子国里就不可能有成年男性存在了。《西游记》里描写的女儿国，或许就来自古人对女子国的想象。

轩辕国

◎ 出自《海外西经》

轩辕之国在穷山之际，其不寿者八百岁。

在女子国北。人面蛇身，尾交首上。

◎ 亦见《大荒西经》

有轩辕之国。江山之南栖为吉。

不寿者乃八百岁。

说文

轩辕国在女子国的北边，位于穷山之南的一带丘陵上。由于轩辕黄帝曾经在这里定都，后人就叫它轩辕之丘。

轩辕之丘受到黄帝神力的庇佑，是一片吉祥之地，在这里居住的人都非常长寿，至少能活到八百岁。但是，轩辕国的居民并不是纯粹的人类形象，而是半人半蛇，胸部以下都是蛇身。他们用蛇身试图直立的时候，身后的蛇尾高高扬起，盘在头顶。

古书上说，中华民族最古老的两位先祖——伏羲和女娲，都是这样人面蛇身的形象，轩辕国的居民和他们如此相似，想必身上也流着非常古老的神明血脉吧。

聂耳国

◎ 出自《海外北经》

聂（shè）耳之国……使两文虎，为人两手聂其耳。

悬居海水中，及水所出入奇物。

聂：通“摄”，抓握。 **悬居**：独自居住。悬，孤单无依。

及：通“极”，极尽。

聂耳国的人都有两只非常大的耳朵。清代小说家李汝珍的小说《镜花缘》里就说，他们走路的时候，要用手握住耳朵，免得它们来回乱晃。更夸张的故事甚至讲，有些人的耳朵大到可以把整个人盖起来，晚上睡觉不需要被褥，两只大耳朵就是被子和褥子。

这些大耳朵的人住在海中的岛屿上，海里出产的各种珍宝都被他们收归己有。但是，聂耳国人的双手一直忙着扶住耳朵，没法亲自干活，所以他们养了两只花纹斑斓的大老虎，帮自己做各种事情。在古人看来，能够随便驱使猛兽，也是令人羡慕的神奇本领呢。

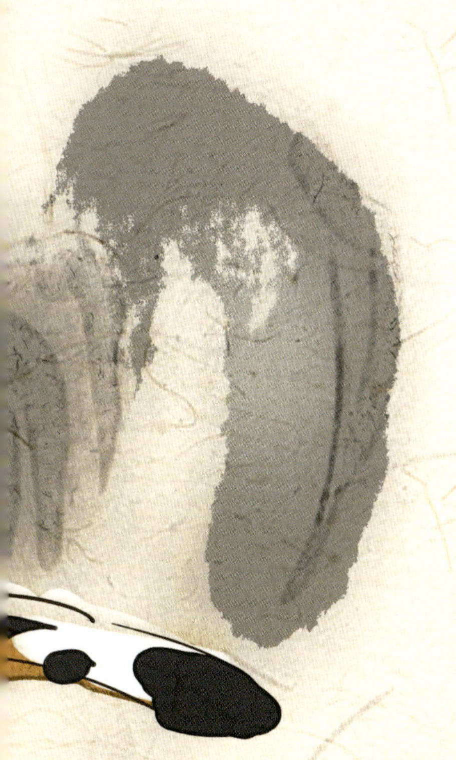

博父国

◎ 出自《海外北经》

博父国在聂耳东，其为人大，

右手操青蛇，左手操黄蛇。

邓林在其东，二树木。

博父国是一个巨人之国。这里的居民身材高大，左手握着黄蛇，右手握着青蛇，和巨人英雄夸父的形象非常相似。

夸父因为追逐太阳而死，死前将自己的手杖投掷出去，化作了邓林。远远望去，邓林是一片枝繁叶茂的桃林，但是定睛再看，其实只有两棵高大的桃树，只是因为它们太繁茂了，才会被认成桃林。

博父国的巨人们为什么定居在邓林附近呢？或许，他们就是夸父的后代子民，一直在这里守护着祖先。

欧丝之野

◎ 出自《海外北经》

欧(ǒu)丝之野……一女子跪，据树欧丝。

三桑无枝，在欧丝东，

其木长百仞，无枝。

据：倚靠。 欧：同“呕”，呕吐。

说文

在北方大海之外，有一片广阔的原野，它的东方生长着三株高大的桑树，它们没有枝条，从树干上直接长出叶片来。这片原野上住着一个女子，她住在附近的矮树上，采集三棵桑树的叶片为食，闲暇的时候，就从嘴里吐出光洁的生丝。这是不是很像蚕宝宝的习性呢？所以，这里就被叫作欧丝之野。

在古代，采桑养蚕，用蚕丝纺织出漂亮的丝绸，一向是女性的工作，欧丝之野的神奇故事，就来自养蚕纺丝的劳动女性形象。

大人国

◎ 出自《海外东经》

大人国……为人大，坐而削船。

◎ 亦见《大荒北经》

有人名曰大人。有大人之国，釐(xī)姓，黍(shǔ)食。

有大青蛇，黄头，食麈(zhǔ)。

麈：鹿一类的动物。

和博父国一样，大人国也是巨人的国度。传说中有不止一个大人国，有的在遥远的东方，有的在极北之地，居民的身材都很高大。这些巨人们的生活和普通人没有两样，他们姓釐，种植黄米为食，如果需要渡海，也会制造船只。

在北方的大人国里还生活着一种巨大的青蛇，它浑身上下只有脑袋是黄色的，以野鹿为食。普通人遇到这么大的蛇，肯定有被生吞下去的危险，只有这些巨人不害怕它们，能够和巨蛇在同一片土地上和平共处。

君子国

◎ 出自《海外东经》

君子国……衣冠带剑，食兽，

使二大虎在旁，其人好（hào）让不争。

说文

君子国僻处海外，但是文明昌盛。那里的居民衣着端庄，腰间佩着长剑，就像中原礼乐之邦的贵族和士人。他们能够驱使老虎作为随从，但是自己的性情却很谦逊温和，惯于相互礼让，绝不会在人际关系中挑起争端。

在古代中国，只有品行良好的人才会被誉为君子，所以，古人就用“君子”来命名这个风俗淳朴的远方国家。

黑齿国

◎ 出自《海外东经》

黑齿国……为人黑齿，食稻啖(dàn)蛇，一赤一青，在其旁。

◎ 亦见《大荒东经》

有黑齿之国。帝俊生黑齿，姜姓，黍(shǔ)食，使四鸟。

黍：黄米。

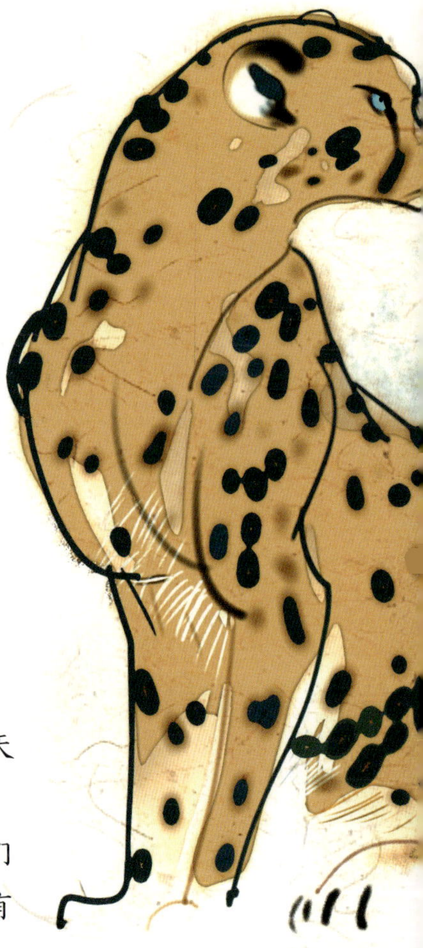

说文

黑齿国人住在大海的东方。传说，他们的血缘可以追溯到上古时代的天神帝俊，因此拥有“姜”这个古老的姓氏。

黑齿国人的牙齿漆黑，异于常人。除了种植稻米和黄米为食之外，他们还喜欢吃蛇，他们身边通常会带着一红一青两条蛇，当作日常的零食。也有人说，黑齿国人养的蛇不是食物，而是像围绕在他们身边的四只飞鸟一样，是帮他们做一些日常琐事的动物仆从，这或许是天神血脉带来的神奇力量吧。

玄股国

◎ 出自《海外东经》

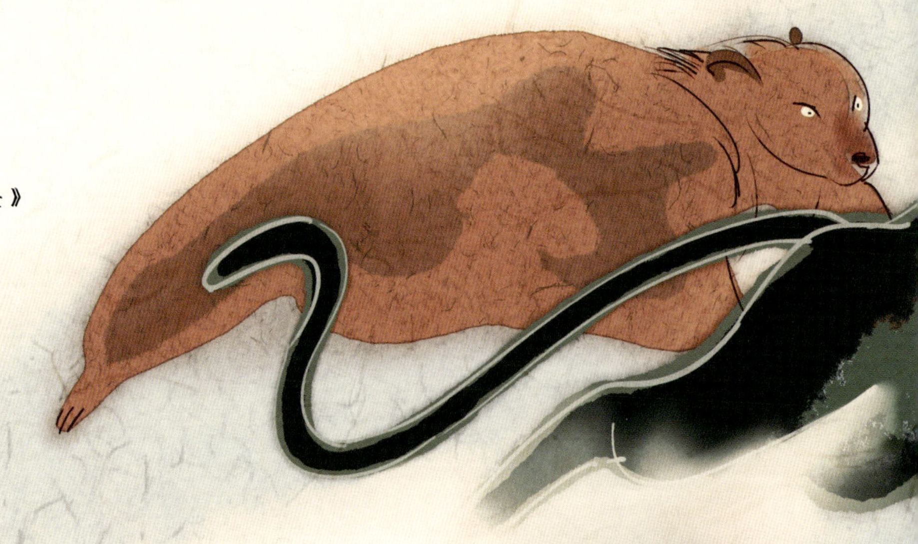

玄股之国……其为人股黑，

衣鱼食躯（ōu），两鸟夹之。

◎ 亦见《大荒东经》

有招摇山，融水出焉。

有国曰玄股，黍（shǔ）食，使四鸟。

股：大腿。 衣：穿。 鱼：用鱼皮做的衣服。

躯：即“鸥”。

说文

东方海外有一座招摇山，融水从这里发源。玄股国的人就住在招摇山下的海滨。他们从大腿往下的皮肤都是黑色的，就像穿着黑色的长筒袜一样。他们的衣服是海鱼皮做成的，以捕捉海鸥为食，也种植黄米。

在古代的图画中，玄股国人的身边通常围绕着几只飞鸟。所以也有人说，这些飞鸟不是他们的食物，而是随从。如果他们把鸟当作食物，鸟儿们一定会吓得远远飞走，哪里还敢接近他们呢？

劳民国

◎ 出自《海外东经》

劳民国……其为人黑。或曰教(jiào)民。

一曰在毛民北，为人面目手足尽黑。

说文

劳民国又叫教民国，那里的居民就像今天的非洲人一样，浑身皮肤都是黑色的，就连脸和手脚也不例外。据说在毛民国的北面。

劳民国人的心思非常复杂，随便一件小事都能引发他们的焦虑。从早到晚，他们都是一副心事重重、满怀烦恼的样子，既坐不住，也站不定，就好像整天都在为什么事而操劳，所以被称作“劳民”。“劳”和“教”在古代语言里读音相似，所以又称“教民”。

枭阳国

◎ 出自《海内南经》

枭（xiāo）阳国……其为人人面长唇，黑身有毛，反踵（zhǒng），见人则笑，左手操管。

踵：脚后跟。

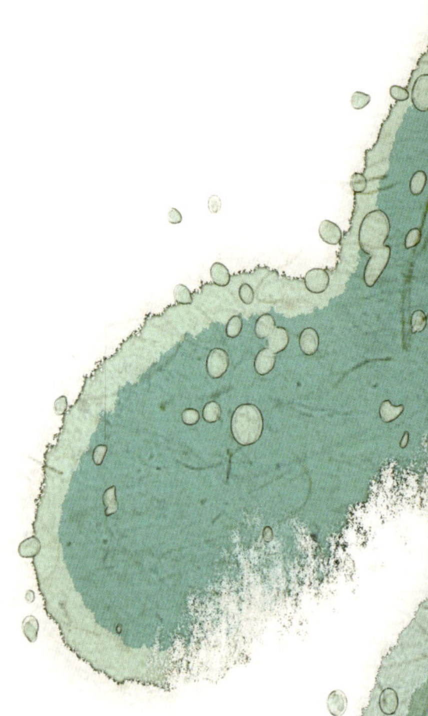

说文

就算在奇形怪状的海外各国中间，枭阳国的人也十分特别。他们皮肤漆黑，覆盖着密密的长毛，脚跟在前脚尖在后，嘴唇很长，张嘴大笑时，上唇能够盖住眼睛，左手还始终拿着一个竹筒。

古人认为，枭阳国人其实是吃人的怪物，所以一见到人就张嘴大笑。他们会用手里的竹筒套住人的手臂，让人无法逃走。但是，当他们笑得嘴唇盖住眼睛时，人就可以悄悄抽出手臂，反过来攻击他们，而且十拿九稳。

在古人的想象里，深山老林中潜伏着各种各样吃人的山精木怪，可怕的枭阳国人就是这种恐惧的化身。但是又有记载说，枭阳是狒狒的别名，这么一想，他们也就不太可怕了。

氐人国

◎ 出自《海内南经》

氐(dǐ)人国在建木西，其为人人面而鱼身，无足。

◎ 亦见《大荒西经》

有氐人之国。炎帝之孙名曰灵恝(jiá)，

灵恝生氐人，是能上下于天。

说文

氐人国位于建木的西方。这里的居民胸部以下都是鱼的样子，拖着长长的鱼尾，就像安徒生童话中的小美人鱼。

氐人的祖先名叫灵恝，是炎帝神农氏的孙子。身为炎帝的后裔，他们传承了一定的神力，能够乘云唤雨，往来于水天之间。小美人鱼在变成泡沫后才能升上天空，获取不灭的灵魂，比起她来，氐人的一生想必更加自由快乐吧。

白民国

◎ 出自《大荒东经》

有白民之国。帝俊生帝鸿，帝鸿生白民。

白民销姓，黍(shǔ)食，使四鸟：虎、豹、熊、罴(pí)。

◎ 亦见《海外西经》

白民之国……白身被(pī)发。

有乘(chéng)黄，其状如狐，其背上有角，乘(chéng)之寿二千岁。

罴：棕熊，马熊。 **被**：披散，散开。

说文

住在大荒之东的白民国人，是天神帝俊的后裔。帝俊的儿子名叫帝鸿，帝鸿的后代就是白民，以销为姓。他们种植黄米为食，能够驱使猛兽当作仆从，一举一动中仍能看到近似天神的威严。

据说，大海的西方还有另一个同名的国家，那里的人皮肤雪白，连头发都是银白的，因此得名白民国。那里有一种奇兽，名叫乘黄，长得像一只背上有角的狐狸，用它当坐骑的人可以活两千岁。这些白民国人的银发，或许就是长寿的象征吧。

三身国

◎ 出自《大荒南经》

大荒之中，有不庭之山，荣水穷焉。

有人三身，帝俊妻娥皇，生此三身之国，

姚姓，黍食，使四鸟。

◎ 亦见《海外西经》

三身国……一首而三身。

穷：尽头。

说文

不庭山坐落在大荒之南，荣水流入山中之后，就终结了它的旅程。这里居住着一个神奇的族群，每人只有一个头，却长着三副身体，因此他们的国家被叫作三身国。

据说，天神帝俊娶娥皇为妻，生下了三身国人的祖先。三身国人都姓姚，以黄米为主食，能够役使飞鸟。但是在大多数古代神话中，娥皇都被视为帝舜的妻子，而舜又曾经在姚墟居住，以姚为姓，所以也有人说，这里的帝俊其实就是帝舜。

臷民国

◎ 出自《大荒南经》

有臷(zhí)民之国。

帝舜生无淫(yín)，降臷处，是谓巫臷民。

巫臷民朌(bān)姓，食谷，

不绩不经，服也；不稼不穑(sè)，食也。

爰(yuán)有歌舞之鸟，鸾鸟自歌，凤鸟自舞。

爰有百兽，相群爰处(chǔ)。百谷所聚。

绩：纺线。 **经**：织布。 **稼**：种植。

穑：收割。

说文

臷民国人是帝舜的后裔。帝舜的儿子叫无淫，他就是臷民国的祖先。这里的居民身上流着帝舜的血脉，拥有一些神力，能够像巫师一样沟通天地，因此又称巫臷民。

巫臷民居住的地方是一片丰饶的沃土，各种谷物应有尽有，美丽的凤凰和鸾鸟在空中飞舞鸣叫，大小动物和睦地群居生活。在这里，人无须纺线织布，就能获得衣服，无须种植收割，就能吃到粮食，这种自然安宁的生活，谁会不向往呢？或许，这又是古人心目中一个遥远的仙境和乐园吧。

蜮民国

◎ 出自《大荒南经》

有蜮(yù)山者，有蜮民之国，

桑姓，食黍(shǔ)，射蜮是食。

有人方扜(yū)弓射黄蛇，名曰蜮人。

扜：拉开。

说文

蜮又叫短狐，是一种水怪，生活在蜮山下。它的模样像三足鳖，平时都藏在水里，如果有人经过，它就暗暗地瞄准人的影子喷出沙粒。影子被射中之后，人就会生病，严重的甚至会死亡。今天有个成语“含沙射影”，比喻暗中陷害别人，就源自这种怪物的习性。

但是，蜮山一带的土著并不害怕它，他们甚至用弓箭射蜮，当作自己的食物来源。于是，这里就被叫作蜮民国，这些土著也被称为蜮人。

钉灵国

◎ 出自《海内经》

有钉灵之国，其民从膝（xī）已下有毛，马蹄善走。

膝：膝盖。 走：奔跑。

说文

半人马是西方神话里的神奇生物，它们的上半身是人，腰部以下则是马身和马蹄。在中国神话里，也存在着相似的幻想生物，就是钉灵国的人。

比起半人马来，钉灵国人更加接近普通人类，只有膝盖以下是马腿和马蹄。可想而知，他们像马一样擅长奔跑，一天就能跑三百里。在交通不发达的古代，飞毛腿总是令人羡慕的，因此直到三国时代，北方的大草原上仍然流传着“马胫（jìng）国”的传说。

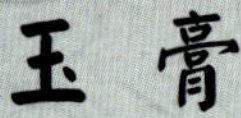

玉膏

◎ 出自《西山经》

峚(mì)山……丹水出焉，西流注于稷(jì)泽，其中多白玉，

是有玉膏，其原沸沸汤汤(shāng)，黄帝是食是飨(xiǎng)。

是生玄玉。玉膏所出，以灌丹木，

丹木五岁，五色乃清，五味乃馨。

汤：水流急。 飨：宴饮。

说文

丹水从峚山中发源，向西流去汇入稷泽。这一带山水之间铺满白玉，玉石的缝隙里还源源不绝地涌出融化的玉浆，如果在玉浆中仔细寻找，甚至能发现非常罕见的黑玉。这种玉浆名叫玉膏，是天神才能享用的珍贵食物，哪个幸运的人吃了它，就能立刻成仙。

峚山上还生长着一种仙树，名叫丹木。它受到玉膏的长久灌溉，无论枝叶花果，颜色都十分鲜亮，散发出的香气也格外芬芳。可想而知，如果用玉膏来浇灌普通的草木，久而久之，它们都会变成灵草和仙树吧。

玉荣

◎ 出自《西山经》

黄帝乃取峚(mì)山之玉荣，而投之钟山之阳。

瑾、瑜之玉为良，坚栗精密，浊泽而有光。

五色发作，以和柔刚。

天地鬼神，是食是飨(xiǎng)；

君子服之，以御不祥。

荣：草木的花。 栗：坚实。 浊：形容玉润厚。

服：佩戴。

说文

在玉膏的滋润下，峚山中绽放出美玉的花朵，名叫玉荣。黄帝将这些珍贵的玉荣移植到钟山之南，开辟出一片种玉的田地，收获的上好玉石名叫瑾、瑜，质地坚密，手感润泽，柔中带刚，还焕发出五色光华。

瑾、瑜不像玉膏那样柔润，但对于天地之间的诸多鬼神来说，也是珍奇的食物。普通人当然无法食用这两种美玉，却可以将它雕刻成装饰品，佩戴在身上，用它的力量来辟邪除祟。于是，后世的人也用瑾、瑜来比喻拥有诸多美德的贤者，或者以瑾、瑜命名，如三国时期吴国名将周瑜，字公瑾。

帝台之棋

◎ 出自《中山经》

休与之山，其上有石焉，名曰帝台之棋，

五色而文，其状如鹑(chún)卵，

帝台之石，所以祷百神者也，服之不蛊(gǔ)。

帝台：神人之名。 蛊：被迷惑。一说为蛊毒。

说文

神人帝台掌管着位于世界正中的群山，包括休与山、鼓钟山、高前山等。其中，休与山里有一种神奇的卵石，每颗都只有鹌鹑蛋大小，但是遍布五彩花纹，非常精致漂亮。因为它长得有点像圆圆的围棋子，所以被叫作帝台之棋。或许，帝台在接待来访的神仙时，真的会用它来下一盘棋吧。

不过，帝台之棋可不是普通的围棋子，它拥有非常神奇的力量。如果有人吞下一颗，他就再也不会被各种邪气迷惑，也不会再中蛊毒。因此古人认为，在向天地百神祈祷时，这种五色的石子就是最好的供品。

帝台之浆

◎ 出自《中山经》

高前之山，其上有水焉，甚寒而清，

帝台之浆也，饮之者不心痛。

其上有金，其下有赭（zhě）。

赭：赤红色颜料。

说文

高前山中盛产黄金，山脚可以开采赤红色的颜料。山头有一眼泉水，水色清冽，冰凉刺骨，如果普通人喝了它，就不会犯心疼病。因为这眼神泉的缘故，高前山又被叫作高泉山。而这里是神人帝台的领地，这道泉水就被称为帝台之浆。

九钟

◎ 出自《中山经》

丰山……神耕父处(chǔ)之，常游清泠(líng)之渊，

出入有光，见则其国为败。

有九钟焉，是知霜鸣。

说文

耕父神住在丰山上，他经常去附近的清泠渊中游玩。在他的光芒照耀下，水渊里波光动荡，十分美丽。但是，耕父出现在人间的时候，通常意味着那个国家将要衰落，并不是一个好兆头。

丰山上还悬挂着九口神钟，每到深秋时分，第一场白霜覆盖大地时，它们就会自己鸣响。清澈寒冷的钟声，昭告着万物凋敝的寒冬即将到来。这样看来，九钟和耕父一样，也是衰败和凋零的象征。

大人之市

◎ 出自《海内北经》

蓬莱山在海中。大人之市在海中。

◎ 亦见《大荒东经》

有波谷山者，有大人之国。

有大人之市，名曰大人之堂。

有一大人踆(dūn)其上，张其两臂。

踆：通“蹲”。

说文

在古代，东海之滨的人经常看到远处海面上凭空出现一座繁华的城市，城中商旅往来，好不热闹，甚至还有衣袂飘飘的仙人飞过城头。有人说，这是海中的蓬莱仙山幻化出的海市蜃楼，还有人说，是大人国的巨人们做交易时建起的市集。

据说，这些巨人住在东海中的波谷山，顾名思义，它的山形起伏就像波浪一样。当中有一座高大的山头叫大人之市，因为它的形状规整，像一间房屋，又叫大人之堂，巨人们就在这里举办他们的集市。为了让各种交易顺利进行，甚至还有一个巨人会蹲在山顶上，张开手臂维持秩序呢。

菌人

◎ 出自《大荒南经》

有小人名曰菌人。

说文

菌人不是人，而是一种珍奇的灵物，生活在遥远的大荒之地。它的模样像一寸高的小人儿，红衣红袍，头戴黑色冠冕，坐在四匹马拉的马车上，个头虽小，但是威仪端庄。如果有人幸运地遇到这些小人儿小马，还能抓住它们吃到肚里，就会像吃了灵芝仙草一样，神清气爽，并且从此可以修道成仙。

像这样拥有人形的仙果灵草，在中国的故事里并不罕见。《西游记》里小婴儿一样的人参果，童话故事里千年人参幻化的人参娃娃，是不是都源自这个古老的传说呢？

彤弓

◎ 出自《海内经》

yì tóng zēng

帝俊赐羿彤弓素矰，以扶下国，

xù

羿是始去恤下地之百艰。

素：白色。 **矰**：拴着丝绳的箭。

扶：帮扶。 **恤**：怜悯，救济。

下地：人间、人世。 **百艰**：各种艰难。

说文

上古时代，大地上怪兽横行，非常不利于人类的生存。在帝尧时代，出现了一位名叫羿的弓箭手，他从天神帝俊那里获得了一张朱红的神弓和一壶系着丝绳的白羽箭，从此行走在人间，用他的神箭拯救世人。

羿建立了怎样的功绩呢？他在寿华之野射死了凶狠的凿齿，在凶水边除掉了水火之怪九婴，在青丘泽中射落了怪鸟大风，在洞庭湖畔斩杀了巨大的巴蛇，在桑林中擒获了大野猪封豨（xī）。更有甚者，当十个太阳一起炙烤人间时，他还射下了其中的九个，使人间重归安宁。

手持彤弓的大英雄羿一直被世人敬仰，所以后来，天子在褒奖立下显赫战功的诸侯时，就会赐给他们一张彤弓，以示信赖与荣耀。

息壤

◎ 出自《海内经》

洪水滔天。鲧(gǔn)窃帝之息壤以堙(yīn)洪水，不待帝命。

帝令祝融杀鲧于羽郊。鲧复生禹。

帝乃命禹卒布土以定九州。

息：生长。 堙：堵塞。 复：通“腹”。

卒：终于。

说文

上古时代曾经发生过一场持续多年的大洪水，一位名叫鲧的神人不忍看到百姓流离失所，就从天帝那里偷了一件名叫息壤的宝物，来到人间。息壤是能够自己生长的泥土，鲧用它制造了很多土山和堤坝，阻塞洪水的漫延。

但是，鲧自作主张的偷窃行为激怒了天帝，天帝命令火神祝融在羽山下杀死了鲧。鲧的尸体在羽山下躺了三年，仍旧完好无损，甚至从他的身体里还诞生出一个孩子，就是后来的大禹。

大禹长大成人，天帝的怒气也平息了，就干脆把息壤交给大禹，让他去治理洪水。大禹秉承了父亲鲧的意志，又有息壤的帮助，疏堵并用，终于不负众望地平定了洪水，并且划分天下九州，就此成为夏王朝的第一任领袖。

附录

《山海经》趣味问答

1. 太阳神羲和生了几个太阳?

2. 月神常羲生了几个月亮?

3. 掌管春、夏、秋、冬四季的是哪几位神灵?

4. 哪些神灵住在昆仑山上?

5. 西王母掌管什么力量，她的随从是什么动物?

6. 神灵烛阴闭上眼之后，人间会发生什么变化?

7. 哪位神灵是吉祥之神?

8. 哪位神灵掌管天下毒虫? 他的居所像什么?

9. 掌管黄河的神灵是谁，住在哪里?

10. 古代有一位非常擅长走路的神人，他叫什么?

11. 在上古时期争夺天下的大战中，女魃和应龙站在谁的一方?

12. 女魃和应龙各有什么神力?

13. 帝尧的女儿娥皇和女英成为了哪里的神灵?

14. 当精卫鸟还是人类的时候，是谁的女儿，叫什么名字?

15. 追逐太阳的古代英雄是哪一位，死后他的木杖化作了什么树?

16. 神鸟凤凰头顶的花纹像哪个汉字? 凤凰和鸾鸟的出现预示着什么?

17. 哪种鸟始终成双成对地飞翔?

18. 白民国的乘黄像什么动物，如果有人用他当坐骑，能活多久?

19. 哪种动物可以日行千里?

20. 文鳐鱼的出现预示着丰收，它还有什么神奇的能力?

21. 哪种神奇的鱼嘴里能吐出珍珠和美玉呢?

22. 可以生吞一头大象的蟒蛇名叫什么?

23. 如果古人饿了，吃哪种灵草或神树的果子可以饱腹?

24. 如果古人得了近视，他希望采到哪种灵草?

25. 有人想要变漂亮，应该服用哪种灵草?

26. 能够使人刀枪不入的灵草是什么?

27. 服用茵草的果实能够让人变聪明，这种果子长什么样?

28. 哪种树的汁液可以让马变得听话?

29. 用哪种树木造出的船不会沉到水底?

30. 神树三珠树生长在赤水边，它有什么独特之处?

31. 神树扶木是传说中太阳升起的地方，它的另一个名字是?

32. 蛮蛮鸟只有一半身体，哪个国家的人和它相像?

33. 古代的巫师们聚集在哪个国家?

34. 海外有两个国家的居民都身材高大，它们的名字是?

35. 君子国的人佩着长剑，能驱使老虎，他们的性格如何?

36. 古代的人鱼之国叫什么名字?

37. 帝台之棋能够使人不被邪气迷惑，它的样子像什么?

38. 高前山中有一眼泉水，人喝了它就不会犯心疼病，它的名字是?

39. 丰山上悬挂着九口神钟，它们会在什么时候鸣响?

40. 东海海面上经常会凭空出现一座繁华的城市，它的名字是?

41. 手持彤弓和白羽箭拯救世人的大英雄叫什么?

42. 洪水泛滥时，鲧从天帝那里偷了一件宝物用来治水，这件宝物的名字是?

43. 鲧的儿子继承他的意志，终于平定了洪水，他的名字是?

答案:

1. 十个 2. 十二个 3. 句芒 祝融 蓐收 禺强 4. 陆吾、开明兽、西王母等 5. 灾祸和刑杀 三青鸟 6. 天黑 7. 吉祥 8. 骄虫 蜂窝 9. 冰夷 从极渊 10. 竖亥 11. 黄帝 12. 干旱 控制水 13. 洞庭或君山皆可 14. 炎帝 女娃 15. 夸父 桃树 16. 德 天下安宁 17. 比翼鸟 18. 狐狸 两千岁 19. 驺吾 20. 飞行 21. 鲞魮 22. 巴蛇 23. 祝余 丹木 24. 箨草 25. 荀草 26. 牛伤 27. 像野葡萄 28. 芑树 29. 沙棠 30. 叶子是珍珠 31. 扶桑 32. 一臂国 33. 巫咸国 34. 博父国、大人国 35. 谦逊温和、惯于礼让 36. 氐人国 37. 五色的卵石 38. 帝台之浆 39. 秋天霜降之时 40. 大人之市 41. 羿 42. 息壤 43. 大禹

作者

罗 旻　北京大学元培学院文学、哲学学士，北京大学哲学系硕士，北京大学中文系博士，北京航空航天大学人文与社会科学高等研究院副教授，曾获“十佳教师”等奖项。平时喜欢旅行、看展、写古体诗和奇幻小说，已出版“陪孩子读诗经”系列。

尧 立　职业插画师，毕业于清华美院中国画专业，主要作品有《浮生六记》《秋灯琐忆》《词牌美人》《新猎物者》等，绘本有《我的老师》《天局》《梅花三弄》《广陵散》(荣获“第十八届中国动漫金龙奖绘本金奖)，“陪孩子读小古文”系列（荣获 2021 年度冰心图画书奖）。

审定

方 麟　北京大学中文系古典文献硕士、博士，清华大学国学研究院哲学博士后，北京教育学院中文系副教授。现任中国教育学会传统文化分会常务理事，全国国学素养水平测试专家委员会副主任。

图书在版编目（CIP）数据

陪孩子读山海经．异民珍物／罗旻编著；尧立绘
．—北京：中国少年儿童出版社，2022.10
ISBN 978-7-5148-7670-3

Ⅰ．①陪… Ⅱ．①罗… ②尧… Ⅲ．①历史地理－中国－古代②《山海经》－儿童读物 Ⅳ．①K928.626-49

中国版本图书馆 CIP 数据核字（2022）第 168376 号

YIMIN ZHENWU
（陪孩子读山海经）

出版发行：中国少年儿童新闻出版总社 中国少年兒童出版社

出 版 人：孙 柱
执行出版人：马兴民

策划编辑：史 钰　　责任校对：杨 雪
责任编辑：史 钰　　责任印务：厉 静
美术编辑：王点点

社　　址：北京市朝阳区建国门外大街丙 12 号　　邮政编码：100022
编 辑 部：010-57526318　　总 编 室：010-57526070
发 行 部：010-57526568　　官方网址：www. ccppg. cn

印刷：北京利丰雅高长城印刷有限公司

开本：889mm × 1194mm　1 / 12　　印张：7
版次：2022 年 10 月第 1 版　　印次：2022 年 10 月北京第 1 次印刷
印数：1-5000 册

ISBN 978-7-5148-7670-3　　定价：79.80 元

图书出版质量投诉电话 010-57526069，电子邮箱：cbzlts@ccppg.com.cn